Scary
Su Doku

NEW YORK POST

Scary

Su Doku

150 Fiendish Puzzles

Compiled by sudokusolver.com

WILLIAM MORROW
An Imprint of HarperCollinsPublishers

NEW YORK POST SCARY SU DOKU © 2013 by HarperCollins Publishers.
All rights reserved. Printed in the United States of America. No part of
this book may be used or reproduced in any manner whatsoever without
written permission except in the case of brief quotations embodied in
critical articles and reviews. For information address HarperCollins
Publishers, 10 East 53rd Street, New York, NY 10022.

HarperCollins books may be purchased for educational, business, or
sales promotional use. For information please write: Special Markets
Department, HarperCollins Publishers, 10 East 53rd Street, New York,
NY 10022.

ISBN 978-0-06-229715-0

HB 09.23.2022

All puzzles supplied by Lydia Ade and Noah Hearle of sudokusolver.com

Book design by Susie Bell, www.f-12.co.uk

Contents

Contents

Introduction

Su Doku is a highly addictive puzzle that is always solvable using
logic. It has a single rule – complete each Su Doku puzzle by
entering the numbers 1 to 9 once in each row, column and
3×3 block.

Many Su Doku puzzles can be solved by using just one
solving technique. In the Difficult rated Su Doku puzzle in
Fig. 1, look to see where the 2 can be placed in the top left block
(highlighted). All squares except one are eliminated by the 2s in
the first and third rows and the 2s in the first and second columns,
leaving only one possible square in which the 2 can be placed.

Fig. 1

	8	9			2		5	3
					3			8
	3			1				2
6				9	8			1
		1				3		
2			4	3				6
9				2			6	
5				1				
3	2		7			1	9	

You can apply the same technique to place a number in a row
or column.

In the puzzle below, you will need a slightly harder technique that requires pencil marks. Pencil marks are small numbers, usually written at the top of each unsolved square, listing all the possible values for that square. In the first row, mark in all the pencil marks for this row (Fig. 2). One square contains only the 6 pencil mark and can now be solved.

Fig. 2

147	8	9	6	467	2	467	5	3
		2			3			8
	3			1				2
6				9	8			1
		1				3		
2			4	3				6
9				2			6	
5			1					
3	2		7			1	9	

Remember, every Su Doku puzzle has one unique solution, which can always be found by logic, not guesswork. You can find details on more complex solving techniques and generate Su Doku puzzles at www.sudokusolver.com.

Puzzles

Puzzles

		1	2					4
				4		8		
4		5				9	7	
1			3		4			
	9			7			8	
			1		8			9
	4	3				6		2
		2		8				
6					2	5		

	7		6	4		3		
								4
4			1		8			
		7	5		2	1		3
8								9
1		5	3		4	7		
			4		6			2
7								
		3		1	9		6	

			6			1		
	1			4		8	5	
6	5		1		8			
		9				2		7
	8			7			3	
7		5				4		
			2		5		9	8
	7	1		3			2	
		2			6			

			5	4			7	
3		5		1		9		
	1				3		5	
		2						6
1	4			5			3	9
7						5		
	6		2				9	
		7		8		3		5
	5			9	4			

3		2			9			5
	1	8	7				4	
			1				8	2
9						4	3	
	2	7						6
7	3				8			
	6				3	8	9	
4			6			1		3

Scary

6				3			5	9
7			4			8		
	8	9				6		
				7			4	
4			8		3			7
	3			9				
		1				4	7	
		3			6			5
8	4			1				6

			9	7	3		4	
6			1	5		2		
	4							
8							6	4
2	6			4			7	3
3	7							8
							5	
		6		3	1			2
	3		2	8	5			

Scary

2						6		8		6
		1	2		6	8		
	3	6				9	7	
	4		6		3		2	
	8		1		9		4	
	1	5				2	9	
		2	7		8	1		
8								7

4	7		6				1	2
6				9		7		3
	2				8			
		1						8
	6			4			9	
5						2		
			4				6	
7		6		8				5
8	9				1		2	7

1			2		4			8
		9		6				
			1	8			7	
4		8						7
	5	7				1	2	
2						8		4
	2		7	8				
				5		7		
5			4		3			9

4					3			5
		5		8			3	
	2		4			7		
		4	2					8
	5			9			6	
6					4	1		
		6			1		8	
	4			2		6		
7			3					2

8				6	1			2
	2							6
9	1						7	
				2	6		4	
4								3
	6		7	9				
	9						1	5
6							8	
1			2	4				9

Su Doku

7		2	8	1		9		4
						5		
5	9							3
				5				8
8			1	2	3			7
3				6				
2							9	5
		5						
1		7		4	9	2		6

5		9			2			
	2		5		8	6	4	
6						1	2	
	1				5		6	3
8	6		9				1	
	8	6						4
	9	2	3		4		8	
			2			7		1

Su Doku

			3	1				
			9		2	6		
	6	1		8		5		
	9						8	5
5		6		3		4		2
8	4						6	
		5		6		2	4	
		7	1		9			
				2	3			

				1				
		5	3		7	8		
		2	6		8	5		
	8	7				6	2	
	9	3				1	8	
	4	1				7	3	
		6	2		5	3		
		4	1		9	2		
				7				

	2		4	1	5			
4	9		7				6	
					6			
5	1					2		9
7								4
6		2					1	8
		1						
	7				8		9	6
			6	2	3		8	

Scary

	9			3		2		
	6				7		1	4
2		7	8			3		
	8					6		
7								2
		5					4	
		6			3	7		8
8	5		1				2	
		9		2			3	

				5	6			
		9		2				
	7	2	8					
		7	2	3				8
1	4		6		8		3	7
8				7	1	4		
					9	5	2	
				8		3		
			1	6				

Scary

1		5			3		2	
	2		5	6		3		8
		4			8			3
	1			3			8	
2			6			4		
8		1		9	6		7	
	9		7			2		1

	6	3						
	7				2			1
4				1		3		9
5					4	9		
		8	2	6	7	1		
		6	1					8
6		7		5				2
2			9				1	
						5	9	

Scary

4	1		2	7				5
		5			3			9
							1	
	7		6		8			3
6				3				4
9			7		4		5	
	8							
3			1			5		
5				6	7		9	2

	9						1	
6				2	9			8
		7		3	1	4		
	6	2						
	4	8		1		7	3	
						1	6	
		5	8	9		6		
8			6	7				4
	2						8	

4		3			1			
7		6					5	
	1		2					
5				6	7			2
	7		4		2		9	
2			1	9				7
					8		3	
	3					7		1
			7			9		6

Su Doku

8		3		4	5			
4				8	2	3		
	9	2						
	4					7		
	7		8		1		3	
		1					5	
						4	8	
		7	4	2				3
			3	9		2		6

	7					2		
					5			7
9		5	1	3		4		
	4		3		2	6		
		2		7		1		
		1	8		6		2	
		7		6	1	3		4
3			2					
		4					9	

	7	3	8	6				5
9				7				3
		1	3					8
						8	1	
		2	1		8	3		
	8							
2					4	5		
7				1				4
8				2	6	7	3	

Scary

28

	6	3		5		7	4	
9			3		7			8
		8	7		1	9		
	7			9			6	
		1	6		8	2		
4			5		3			6
	3	9		6		5	2	

Su Doku

7				5		2	9	
				6				
		6	2	4		1		
	9	8	5					
	3		1	8	6		2	
					3	4	6	
		1		7	2	3		
				3				
	8	9		1				2

8					1		7	
3			4					
		5		8	9	3		
	7			5				
4		1				8		3
				4			9	
		7	8	9		6		
					5			1
	5		6					2

Su Doku

	5			1	3			
8		6			4			
	4			5		8		
			4				9	7
4		7				1		6
3	1				6			
		5		4			3	
			3			2		9
			2	9			5	

Scary

			4				2
6					7	1	5	
7			6				4	3
		2	4				7	1
9	7				5	2		
1	3				4			8
	8	5	2					6
2				8				

	9	6			8	2		
	5			6			7	9
4				9				6
7								
	3	2				9	5	
								7
3				2				4
9	4			1			2	
		8	4			5	1	

	9		4		2		7	
		6				3		
			7	3	6			
9				2				6
1			9		8			4
8				4				9
			3	9	7			
		8				9		
	4		8		5		1	

			9			1	5	
		9		3			8	4
			4	8				3
9	7						4	
	3						6	2
3				7	4			
7	1			5		4		
	9	6			1			

Scary

				2				
	9				4	2	8	
	2	3	6			4		
	6		2		9	3		
9								8
		5	7		6		1	
		2			7	8	9	
	7	9	5				3	
				9				

	3			7			6	
				8				
	9	5	2	6	4	3	7	
	1	8				2	9	
	7	6				1	3	
	2	1	7	9	5	6	8	
				2				
	8			1			4	

Scary

		2	3				7	
3	4			7	1		2	9
							1	
	3	5					6	1
			6		5			
6	9					5	4	
	8							
5	1		9	8			3	6
	7				4	8		

4				5		8		6
				7				9
			3		2			
	6				8	2		4
		1				6		
3		2	6				9	
			9		5			
8				4				
9		3		6				7

		6	8		2	7		
2				1				9
	8		6	9	3		5	
			4	5	8			
			7	2	6			
	2		9	8	1		6	
4				6				2
		1	2		4	9		

	7				3	9		
		1		2				
3	5	8		9			2	
		3			7		4	
		5				1		
	9		1			6		
	3			1		4	8	9
				7		2		
		9	4				5	

		7					8	
3					2	6		
	2		1	6				5
	9			1		8		
		3	6		8	1		
		6		5			4	
4				2	1		9	
		2	8					6
	7					5		

	5		6	7	3		9	
2	4							1
9								
					5	7		
1		5	7		4	9		2
		9	2					
								5
5							2	6
	6		3	5	1		7	

Scary

2	1							
	8	7		3				
6				5	7		3	
		6	4					
8		1		7		3		5
					5	9		
	6		1	2				3
				9		8	1	
							6	9

		1			2	4		7
9					3	8		
		7	1					
7						9		1
	1		5		9		7	
8		2						6
					6	1		
		4	9					5
5		8	4			6		

	7		2					
		9			7			3
		2				5	7	
	5			8				9
			5	6	4			
8				3			6	
	6	3				7		
9			6			1		
					1		4	

2	4					7	5	
								9
5					6			3
				3	1			
	3		2	8	9		1	
			7	4				
3			5					8
9								
	8	6					4	7

Scary

			6				1	
7	6		8		1		3	
				9	4			
	7	3					6	1
		6				5		
1	8					2	9	
			4	3				
	5		1		8		2	6
	1				9			

			9					5
1				2		6		3
					6	4	9	
				1	9	3		
9			8		5			7
		7	2	3				
	7	9	1					
4		1		9				8
5					8			

5				7	3			4
			5			8		
		6					2	
	8			3				1
6			7	4	2			9
9				6			5	
	3					4		
		4			6			
7			4	9				8

	1		8			9		
	5	3				7		4
2					3			6
					4			7
			3		6			
7			9					
4			5					1
5		1				8	9	
		2			1		4	

6	1							2
			2					7
		5		4	7	3		
		4	6		1		3	
		9				6		
	3		9		2	8		
		1	7	5		4		
4					9			
7							9	8

				6				
							8	3
4			3	8		9		
	7	2			6			
1		5				4		8
			5			2	9	
		8		2	4			1
7	3							
				1				

Scary

1				4		5		3
	4		2				8	
8		5			1	2		
		4		8			5	
5			7		4			2
	1			9		8		
		8	3			7		5
	7				8		3	
3		6		2				8

	4	3						2
	2			3		9		5
9		8			4			3
					9			1
			5		3			
2			7					
3			8			6		9
8		2		6			5	
4						1	8	

	3			7				
	6	4					3	
		7	3			2	8	
	7	6	4					
4			7		1			3
					6	9	4	
	2	8			3	6		
	5					3	9	
			8				1	

	4		6		5			
		6						4
		3		2		9	1	
1			4		6			7
		8				2		
7			2		9			1
	2	7		3		4		
3						1		
			8		7		3	

Scary

1	8		7					4
				8	5			9
		2		4		8		
	7							3
	3	5				9	4	
6							1	
		6		7		4		
7			4	5				
4					6		3	5

		2	5		4		9	
7	5			2			1	
					1			2
5		4						6
	2						5	
8						9		4
1			2					
	9			4			3	7
	8		9		3	1		

	2		3		9		8	
9	8			1			7	4
6				7				1
	7			6			2	
1				3				5
5	3			2			4	9
	9		6		5		3	

	8		9		3			2
6			8				1	
		7			1	8		
2	3					5		7
1		4					9	8
		2	5			7		
	1				6			3
8			7		9		6	

6				2				4
				4	3	2		
5						8	6	
1							7	
9		7				1		8
	2							6
	3	9						1
		6	1	9				
4				5				2

			9		3	7		1
				5			6	
				1	6			3
9						3		8
	3	7				6	5	
5		1						9
7			1	4				
	9			7				
8		5	3		9			

7				2		5		9
	6		4				2	
5		2	1			8		
						2	7	
3				4				1
	2	9						
		6			9	3		2
	8				6		1	
2		1		5				6

8			1		6			3
		2		8		5		
		1				8		
9								1
	6		5		3		8	
3								6
		6				4		
		7		3		1		
5			9		8			2

	2			4			7	
6		4		2		9		8
1			5	3	8			9
		3				4		
8			2	6	4			5
9		7		1		8		3
	3			5			1	

8		7		4		3		
	4		8					
3	5				2			
		8				9		6
	2			6			3	
9		6				1		
			7				8	9
					9		1	
		4		8		7		5

Scary

		6		8		9		
4					6	7		1
							2	
8		1		2	5			7
			9		4			
9			8	1		5		3
	3							
2		9	7					5
		5		9		8		

				5	7	3		
	3					2	9	
8	4							
1				2				
4			6		5			9
			7					8
							3	7
	1	3					4	
		2	3	1				

Scary

		2	6		3	9		
			9		7			
4	9						7	6
6								5
	8		1	6	4		9	
9								1
5	6						8	2
			7		8			
		8	3		6	1		

			9	7		3	6	
6	7			1			5	
5			2					
						4		3
2	4						1	9
8		1						
					6			5
	6			2			3	8
	8	5		9	3			

			6		2	3		
	8	3			7			
		7	8				6	
							4	
3	7	5				1	9	2
	4							
	5				4	9		
			3			4	8	
		8	5		9			

	2			8	5			
			1			5		2
	4		7					
9			5		1	6	7	
1								8
	5	6	9		8			1
					7		2	
3		5			9			
			4	1			8	

Scary

							7	
	3				7			9
7	8			9			5	
		6				8		7
		7	8	3	2	1		
8		6			4			
	6			7			1	3
1			5				6	
	2							

				2			1	
	5	1			8		6	
6	2				5		7	
		7			9			
	8		2	6	7		5	
			8			7		
	7		3				2	5
	4		1			9	3	
	6			9				

	5		2					9
1	9						6	
				9	7	1	5	
				2				6
	2		6		3		4	
4				8				
	8	7	1	3				
	3						2	1
6					2		8	

			1	7	5			
				4				
	4	5				1	8	
	5	8				3	6	
	2	6	9		3	7	5	
	9	7				8	1	
	3	4				2	9	
				9				
			5	3	7			

8							7	4
7	4					9	3	
	5		3					
			5		2	3		
				1				
		5	8		4			
					6		9	
	8	3					1	6
1	2							8

8					3		4	
9								5
			5	6			1	
			1			5	9	
3				8				6
	7	5			6			
	9			3	2			
2								9
	1		9					4

	1		9			2	8	
6								1
			4	1				5
9		3		6				
		1	7	3	5	9		
				2		5		4
1				4	7			
3								2
	8	6			1		4	

	8		2					
				1			7	4
	1			8	7			9
						7	9	
		1	7		6	5		
	9	5						
2			9	4			8	
1	5			3				
					5		2	

		9		2	6			5
	8		9					3
	2				7	4		
9	5							
6								8
							7	1
		8	6				9	
5					3		1	
3			4	7		8		

		6	4	2	1			
	7					2	6	
	8							1
8			2		6			7
7				5				4
4			7		9			8
3							1	
	5	7					8	
			9	7	2	3		

8		3			1			5
	9				4		3	
				3				4
1	2		6		5			
		6				9		
			2		8		5	6
9				2				
	3		8				7	
2			3			8		9

	2		3			7		
			4		5	8		1
5	6							
	8			4			9	6
			2		3			
4	1			5			3	
							7	4
9		3	5		4			
		8			1		5	

	4					5		
6	9			4	2			
1					9			
3				8	4			6
		1				2		
9			2	1				8
			9					1
			7	2			8	3
		3					7	

2		5	9			3		
					7		1	
1					5	9		2
4			6		9	5	7	
	5	8	4		3			6
8		4	5					1
	9		7					
		2			8	6		9

	2	8	5					1
		4	3				8	
		5	8				7	
							6	9
	7			1			3	
8	6							
	8				9	2		
	1				8	6		
2					7	9	5	

		7	1			9	8	
	8	1	7			3	5	
		9	8					
6	3	8						
						4	3	9
					4	8		
	4	2			5	7	9	
	5	3			1	2		

		2		1			5	
3				4	5			
		6			7	9		2
	8	4						
9	2						3	7
						8	2	
2		8	4			5		
			5	3				1
	1			9		2		

		4			1		7	5
9	8	3		6				
7								
3		1	4					
	2		1		8		9	
					2	1		4
								9
				7		2	3	1
6	3		9			5		

	8		4	3	9		6	
		1	5	8	7	2		
		8	1		2	5		
	5						8	
		6	9		8	7		
		9	7	2	1	3		
	4		8	9	5		1	

	7	9				4	6	
			3		4			
		8				2		
	5		6		8		1	
				7				
	6		1		3		9	
		7				9		
			4		2			
	9	4				5	3	

5	4	1		8	7			
2	8			6				
7		6						
					6			8
6	9			4			3	2
8			2					
						1		3
				9			4	7
			6	3		9	8	5

	7		5	1			4	
4			6					2
					9			
		8		5			2	7
2			9	6	8			4
9	4			3		8		
			3					
7					4			9
	2			9	5		3	

	4	7		5		8	2	
	8			2			9	
2								1
	7		3		2		8	
		8				2		
	6		4		7		1	
1								8
	9			3			4	
	2	3		9		1	6	

	4			6			3	7
1			9		7			5
		5					1	4
					8		6	
			6		9			
	1		2					
8	9					2		
4			8		6			9
2	5			9			4	

Scary

5		3	4		7		8	6
	8							1
4							5	
			1	5				8
	2						3	
3				8	9			
	3							2
9							4	
2	4		8		5	7		3

3			2				4
		7					
	4	8	7		1	5		
		3			9	1		
8				7				2
		6	1			3		
		5	3		4	9	2	
						7		
9				8				6

Scary

4		6	7	2				3
	5				3		9	
				1				7
	6							9
8		7				5		6
9							7	
3				6				
	4		1				6	
6				3	5	7		8

	6						8	1
8					7		3	6
			6			7		
		2	1		5		6	
				7				
	5		4		8	9		
		9			1			
5	4		2					7
2	3						4	

8			9	2			5	
		6		5	4	2		
					6		9	8
	8						6	
9								5
	3						8	
1	6		5					
		9	4	6		5		
	7			9	1			2

			5					
5						3	9	
1	3					4		7
	9	4			8	7		
			6		2			
		7	4			1	8	
4		5					1	8
	8	6						4
					6			

3					2			7
						3	4	
	6	2				1		
		1	2	8				
	9	5	3		4	8	6	
				6	5	9		
		6				4	7	
	7	8						
4			7					9

7		2		4		9		3
	5			1			4	
		6	4	9	1	3		
3								6
		4	8	6	3	2		
	4			3			6	
6		1		2		8		7

Scary

3			2				1	
1		9					3	
	6				8	9		
		8	3					
7	9			8			5	1
					7	8		
		6	4				8	
	7					6		4
	4				5			9

		2	3					9
7		5	4	1				
	8					7		
6	7	9						
						2	9	6
		4					2	
				7	3	6		1
2					1	5		

	9		2		7	3		
3						2		
		4			1	6		
5		7		2	9			
	4						2	
			5	4		9		7
		8	1			7		
		5						2
		2	6		5		1	

	6		4			3	5	
3								
4				7	3			
		2					6	5
9		1		6		4		8
5	4					1		
			1	9				4
								9
	9	4			5		2	

Scary

6		9	7					
2	7				3			6
					2	5		9
				3	5			
8			4		9			3
			8	1				
7		8	3					
4			6				9	2
					4	8		7

8		2		6	3		7	
		5						
4				8		9		
	2		4				5	
				3				
	7				9		6	
		8		2				7
						3		
	6		3	7		8		9

Scary

	9	3				8	7	
			8		4			
		7		9		1		
	6	4				9	8	
	2		4		9		6	
	7	9				4	2	
		1		5		3		
			1		2			
	5	8				2	1	

8						1	5	6
1	7				2			
						7		
4		1		9		5		
6				3				1
		5		1		2		4
		8						
			3				8	9
7	3	9						5

Scary

6	4	8						9
			8					1
			9		3			8
		6	1		7	9	2	
				3				
	1	9	2		5	6		
9			7		6			
7					8			
8						5	7	2

2			7	5		4	6	
	7	1		9				
								8
		8		2	7		9	
				3				
	5		6	1		2		
1								
				6		3	2	
	6	3		7	2			4

	5			1			6	
6			4					5
		7		5	2	9		
		9					3	
8		5				2		7
	2					4		
		3	2	9		6		
5					7			9
	1			6			7	

								8
9		8		3				5
		2			5	1		
				7		6		3
	8		3		4		9	
3		9		2				
		3	7			2		
1				9		4		6
4								

		4				9		
			5		9			
7	3						2	4
2			9		4			8
		7				2		
6			2		1			9
3	9						8	5
			1		5			
		5				7		

				8				
2	1			4			9	6
	4	3	8		9	1	2	
7		4				6		2
1		6				4		9
	2	8	6		3	7	4	
4	3			2			6	1

				8			1	3
				5		4	8	7
					3		9	
				4	7	6		
5	7		8		6		3	4
		4	1	3				
	6		3					
7	1	9		6				
4	5			1				

9				8	2			
1								
8	3	6	9	5				
	5		8			6		
		2	6	1	5	3		
		8			4		5	
				6	3	9	2	1
								6
			2	9				7

6				9				4
	4	9		5		1	3	
	1						8	
7				1				8
		1	2		8	7		
2				3				1
	9						6	
	8	5		2		3	1	
3				8				5

			9		5			4
			8			7		
				4	6	9	8	
2	1				9	8		7
		8				4		
4		9	2				6	5
	4	3	5	2				
		5			4			
7			1		8			

		7			4			6
	1			3	2		7	
6			7			1		
		3			1		2	8
	2						6	
7	8		2			3		
		5			9			4
	9		5	1			3	
3			4			9		

8	6				3		7	
7							8	5
		8				3		
	3		6	2				4
		9		5				
2		3	7		5			
	8			9				
1	4							3
	7	5				2	1	

Scary

		9	3		5			1
	6					5	7	
						8	3	
		4	2		9			
	7	6				1	2	
			5		6	7		
	4	5						
	3	7					1	
8			7		2	6		

	5	8	4				2	6
	9					4		
4					2	8		
			5	2				9
1				7	8			
		1	7					5
		7					4	
6	8				1	3	7	

Scary

	1	4		3				5
5			1				3	
3				8		2		
	3		7					
6		5				1		9
					9		8	
		6		4				8
	8				6			2
2				1		6	5	

4	2		3		8		6	5
			1		4			
9				7				2
		9				6		
2				4				1
		8				5		
1				5				3
			2		7			
7	8		4		9		5	6

					5	8		
			6	3				
6		5		9	7	1		
8		2					7	
	4	9				6	5	
	7					3		2
		4	7	1		9		3
				8	2			
		1	9					

9				2	6	8		
					8		3	9
			7	9		2		
	5							6
	2	8	1		9	4	5	
3							8	
		3		7	2			
1	9		8					
		7	6	3				4

Scary

	1		4			9	8	
9	7			8				2
		5		9				1
7			2					
	4	9				6	2	
					3			7
2				3		1		
1				4			5	8
	6	7			5		9	

		3	4		2			
	7		9				4	
				7	1			6
9		2					3	5
		5				1		
3	8					9		4
6			2	1				
	9				8		1	
			5		3	8		

Scary

			5		2			
7								3
	9	4		8		2	5	
9			4		5			1
3								9
4			7		3			5
	1	3		5		9	7	
2								6
			9		7			

						5	7	
			1			6		3
				3	4		2	1
	2		3		1	9		
		4				1		
		3	9		8		5	
5	9		7	8				
1		6			2			
	4	7						

Scary

	5		6	1	8			
9								
	1	7	9					
6						1	9	
4		3				5		8
	7	1						4
					1	6	8	
								1
			8	2	9		7	

3					2	4		9
	7						2	
2		6		5		1		
9				7				
		2	9		1	3		
				2				5
		9		8		7		4
	5						6	
1		7	4					8

		2	4			6		
		5		6				
3	6				9	1		
	4	3			7			
2								1
			9			5	6	
		4	3				7	2
				4		9		
		8			1	4		

2	5			4				7
	1	9		6			3	2
			1				9	
						3		
7	9						6	5
		6						
	4				1			
1	2			9		7	4	
9				5			2	3

Scary

7					6		2	
		1	2	4				
	8				3	6		
	2	6						5
	7		1		2		4	
1						7	8	
		5	4				6	
				6	8	2		
	3		7					9

Su Doku

			3		9	5		
				7	1		8	
			8					1
8		2	4				6	7
	3			8			5	
1	7				6	8		3
9					4			
	6		1	9				
		5	2		7			

4				7				5
		1	9		5	8		
	9						3	
		4	7		2	1		
		7				3		
		2	8		6	9		
	8						1	
		6	3		1	4		
1				8				7

5	9							
	7			2	3			
2				4	1			
	1	6					3	4
8		5				9		7
4	2					5	1	
			8	6				9
			4	3			5	
							4	3

Scary

		4	2		9			
	3	7					9	
				7			1	4
1			9		2			3
		3				9		
9			6		4			7
8	9			2				
	5					2	7	
			1		5	3		

1								4
		8	5			6		
	3	2	8			9	5	
				1		8	2	
			3		2			
	9	1		7				
	8	7			4	2	1	
		6			5	4		
4								8

Scary

9	5			6		3		2
			1		2			5
			4				6	
	9	8	2					6
1					6	4	3	
	8				1			
2			7		4			
5		7		2			1	3

			4			6		
						8		2
	8	6	9				3	1
		2		9			8	
		1		7		3		
	6			4		2		
9	7				5	4	6	
1		4						
		3			4			

Scary

					7	9	5	
1				5		2		
5	8		2					
8			7		3	6		
	7			1			4	
		3	8		9			5
					2		1	7
		1		7				6
	6	4	5					

		2				6	3	
4	8					1	2	
1	9		2					4
			6		2	5		
				1				
		9	5		7			
9					4		7	1
	3	1					9	2
	4	7				3		

Scary

		3	4					
	5	7	3					
6	1			7		5		
2	4		5					
		1				6		
					9		8	7
		2		1			5	9
					5	8	3	
					4	1		

Solutions

1

7	8	1	2	6	9	3	5	4
3	6	9	7	4	5	8	2	1
4	2	5	8	1	3	9	7	6
1	7	8	3	9	4	2	6	5
2	9	4	5	7	6	1	8	3
5	3	6	1	2	8	7	4	9
8	4	3	9	5	7	6	1	2
9	5	2	6	8	1	4	3	7
6	1	7	4	3	2	5	9	8

2

9	7	1	6	4	5	3	2	8
3	5	8	9	2	7	6	1	4
4	6	2	1	3	8	9	7	5
6	9	7	5	8	2	1	4	3
8	3	4	7	6	1	2	5	9
1	2	5	3	9	4	7	8	6
5	1	9	4	7	6	8	3	2
7	8	6	2	5	3	4	9	1
2	4	3	8	1	9	5	6	7

3

9	3	8	6	5	7	1	4	2
2	1	7	3	4	9	8	5	6
6	5	4	1	2	8	9	7	3
3	4	9	5	6	1	2	8	7
1	8	6	4	7	2	5	3	9
7	2	5	8	9	3	4	6	1
4	6	3	2	1	5	7	9	8
8	7	1	9	3	4	6	2	5
5	9	2	7	8	6	3	1	4

4

6	2	8	5	4	9	1	7	3
3	7	5	6	1	8	9	2	4
9	1	4	7	2	3	6	5	8
5	8	2	9	3	7	4	1	6
1	4	6	8	5	2	7	3	9
7	3	9	4	6	1	5	8	2
4	6	3	2	7	5	8	9	1
2	9	7	1	8	6	3	4	5
8	5	1	3	9	4	2	6	7

5

3	7	2	8	4	9	6	1	5
5	1	8	7	6	2	3	4	9
6	9	4	1	3	5	7	8	2
9	5	6	2	7	1	4	3	8
8	4	3	5	9	6	2	7	1
1	2	7	3	8	4	9	5	6
7	3	1	9	2	8	5	6	4
2	6	5	4	1	3	8	9	7
4	8	9	6	5	7	1	2	3

6

6	1	4	2	3	8	7	5	9
7	5	2	4	6	9	8	3	1
3	8	9	1	5	7	6	2	4
5	2	8	6	7	1	9	4	3
4	9	6	8	2	3	5	1	7
1	3	7	5	9	4	2	6	8
9	6	1	3	8	5	4	7	2
2	7	3	9	4	6	1	8	5
8	4	5	7	1	2	3	9	6

7

1	5	2	**9**	**7**	**3**	8	**4**	6
6	8	7	**1**	**5**	4	**2**	3	9
9	**4**	3	8	6	2	7	1	5
8	1	5	3	2	7	9	**6**	**4**
2	**6**	9	5	**4**	8	1	**7**	**3**
3	**7**	4	6	1	9	5	2	**8**
7	2	8	4	9	6	3	**5**	1
5	9	**6**	7	**3**	**1**	4	8	**2**
4	**3**	1	**2**	**8**	**5**	6	9	7

8

2	5	8	9	3	7	4	1	**6**
9	7	**1**	**2**	4	**6**	**8**	3	5
4	**3**	**6**	8	5	1	**9**	**7**	2
5	**4**	9	**6**	8	**3**	7	**2**	1
1	2	3	4	7	5	6	8	9
6	**8**	7	**1**	2	**9**	5	**4**	3
7	**1**	**5**	3	6	4	**2**	9	8
3	6	**2**	**7**	9	**8**	**1**	5	4
8	9	4	5	1	2	3	6	**7**

Su Doku

9

4	7	8	6	5	3	9	1	2
6	1	5	2	9	4	7	8	3
3	2	9	1	7	8	6	5	4
9	3	1	7	2	6	5	4	8
2	6	7	8	4	5	3	9	1
5	8	4	3	1	9	2	7	6
1	5	2	4	3	7	8	6	9
7	4	6	9	8	2	1	3	5
8	9	3	5	6	1	4	2	7

10

1	6	5	2	7	4	3	9	8
7	8	9	3	6	5	2	4	1
3	4	2	9	1	8	5	7	6
4	1	8	5	3	2	9	6	7
9	5	7	8	4	6	1	2	3
2	3	6	1	9	7	8	5	4
6	2	3	7	8	9	4	1	5
8	9	4	6	5	1	7	3	2
5	7	1	4	2	3	6	8	9

11

4	6	1	9	7	3	8	2	5
9	7	5	6	8	2	4	3	1
8	2	3	4	1	5	7	9	6
1	9	4	2	5	6	3	7	8
3	5	7	1	9	8	2	6	4
6	8	2	7	3	4	1	5	9
2	3	6	5	4	1	9	8	7
5	4	9	8	2	7	6	1	3
7	1	8	3	6	9	5	4	2

12

8	4	7	9	6	1	5	3	2
3	2	5	4	7	8	1	9	6
9	1	6	5	3	2	4	7	8
5	8	1	3	2	6	9	4	7
4	7	9	8	1	5	6	2	3
2	6	3	7	9	4	8	5	1
7	9	4	6	8	3	2	1	5
6	3	2	1	5	9	7	8	4
1	5	8	2	4	7	3	6	9

Su Doku

13

7	3	2	8	1	5	9	6	4
4	1	8	3	9	6	5	7	2
5	9	6	4	7	2	8	1	3
6	7	1	9	5	4	3	2	8
8	5	9	1	2	3	6	4	7
3	2	4	7	6	8	1	5	9
2	4	3	6	8	1	7	9	5
9	6	5	2	3	7	4	8	1
1	8	7	5	4	9	2	3	6

14

5	4	9	1	6	2	3	7	8
3	2	1	5	7	8	6	4	9
6	7	8	4	9	3	1	2	5
2	1	7	8	4	5	9	6	3
9	3	4	6	2	1	8	5	7
8	6	5	9	3	7	4	1	2
1	8	6	7	5	9	2	3	4
7	9	2	3	1	4	5	8	6
4	5	3	2	8	6	7	9	1

15

4	5	9	**3**	**1**	6	7	2	8
7	3	8	**9**	5	**2**	**6**	1	4
2	**6**	**1**	4	**8**	7	**5**	3	9
1	**9**	2	6	7	4	3	**8**	5
5	7	**6**	8	**3**	1	**4**	9	**2**
8	**4**	3	2	9	5	1	**6**	7
9	1	**5**	7	**6**	8	**2**	**4**	3
3	2	**7**	**1**	4	**9**	8	5	6
6	8	4	5	**2**	**3**	9	7	1

16

8	3	9	5	**1**	2	4	6	7
4	6	**5**	**3**	9	**7**	**8**	1	2
7	1	**2**	6	4	**8**	**5**	9	3
5	**8**	7	9	3	1	**6**	**2**	4
6	**9**	**3**	7	2	4	**1**	**8**	5
2	**4**	**1**	8	5	6	**7**	**3**	9
9	7	**6**	**2**	8	5	**3**	4	1
3	5	**4**	**1**	6	**9**	**2**	7	8
1	2	8	4	**7**	3	9	5	6

Su Doku

17

8	2	6	4	1	5	9	7	3
4	9	3	7	8	2	5	6	1
1	5	7	3	9	6	8	4	2
5	1	4	8	6	7	2	3	9
7	8	9	2	3	1	6	5	4
6	3	2	9	5	4	7	1	8
3	6	8	1	7	9	4	2	5
2	7	1	5	4	8	3	9	6
9	4	5	6	2	3	1	8	7

18

5	9	1	4	3	6	2	8	7
3	6	8	2	9	7	5	1	4
2	4	7	8	1	5	3	6	9
9	8	2	3	5	4	6	7	1
7	3	4	9	6	1	8	5	2
6	1	5	7	8	2	9	4	3
1	2	6	5	4	3	7	9	8
8	5	3	1	7	9	4	2	6
4	7	9	6	2	8	1	3	5

19

4	3	8	9	**5**	**6**	7	1	2
5	1	**9**	4	**2**	7	6	8	3
6	**7**	**2**	**8**	1	3	9	4	5
9	6	**7**	**2**	**3**	4	1	5	**8**
1	**4**	5	**6**	9	**8**	2	**3**	**7**
8	2	3	5	**7**	**1**	**4**	9	6
7	8	6	3	4	**9**	**5**	**2**	1
2	9	1	7	**8**	5	**3**	6	4
3	5	4	**1**	**6**	2	8	7	9

20

1	6	**5**	8	4	**3**	7	**2**	9
9	**2**	7	**5**	**6**	1	**3**	4	**8**
3	4	8	9	7	2	1	6	5
6	7	**4**	1	2	**8**	9	5	**3**
5	**1**	9	4	**3**	7	6	**8**	2
2	8	3	**6**	5	9	**4**	1	7
7	5	2	3	1	4	8	9	6
8	3	**1**	2	**9**	**6**	5	**7**	4
4	**9**	6	**7**	8	5	**2**	3	**1**

Su Doku

21

1	6	3	8	4	9	7	2	5
8	7	9	5	3	2	4	6	1
4	5	2	7	1	6	3	8	9
5	2	1	3	8	4	9	7	6
9	4	8	2	6	7	1	5	3
7	3	6	1	9	5	2	4	8
6	9	7	4	5	1	8	3	2
2	8	5	9	7	3	6	1	4
3	1	4	6	2	8	5	9	7

22

4	1	9	2	7	6	8	3	5
8	6	5	4	1	3	2	7	9
7	2	3	5	8	9	4	1	6
1	7	4	6	5	8	9	2	3
6	5	2	9	3	1	7	8	4
9	3	8	7	2	4	6	5	1
2	8	6	3	9	5	1	4	7
3	9	7	1	4	2	5	6	8
5	4	1	8	6	7	3	9	2

23

5	9	4	7	6	8	2	1	3
6	3	1	4	2	9	5	7	8
2	8	7	5	3	1	4	9	6
1	6	2	3	5	7	8	4	9
9	4	8	2	1	6	7	3	5
7	5	3	9	8	4	1	6	2
4	7	5	8	9	3	6	2	1
8	1	9	6	7	2	3	5	4
3	2	6	1	4	5	9	8	7

24

4	8	3	5	7	1	2	6	9
7	2	6	8	4	9	1	5	3
9	1	5	2	3	6	4	7	8
5	4	9	3	6	7	8	1	2
3	7	1	4	8	2	6	9	5
2	6	8	1	9	5	3	4	7
1	9	7	6	2	8	5	3	4
6	3	2	9	5	4	7	8	1
8	5	4	7	1	3	9	2	6

25

8	6	3	7	4	5	1	9	2
4	1	5	9	8	2	3	6	7
7	9	2	1	6	3	8	4	5
5	4	8	6	3	9	7	2	1
2	7	9	8	5	1	6	3	4
6	3	1	2	7	4	9	5	8
3	2	6	5	1	7	4	8	9
9	8	7	4	2	6	5	1	3
1	5	4	3	9	8	2	7	6

26

4	7	3	6	9	8	2	1	5
8	1	6	4	2	5	9	3	7
9	2	5	1	3	7	4	8	6
5	4	8	3	1	2	6	7	9
6	3	2	5	7	9	1	4	8
7	9	1	8	4	6	5	2	3
2	8	7	9	6	1	3	5	4
3	5	9	2	8	4	7	6	1
1	6	4	7	5	3	8	9	2

27

4	7	3	8	6	1	9	2	5
9	6	8	2	7	5	1	4	3
5	2	1	3	4	9	6	7	8
3	9	7	4	5	2	8	1	6
6	4	2	1	9	8	3	5	7
1	8	5	6	3	7	4	9	2
2	3	9	7	8	4	5	6	1
7	5	6	9	1	3	2	8	4
8	1	4	5	2	6	7	3	9

28

2	1	7	4	8	6	3	5	9
8	6	3	1	5	9	7	4	2
9	4	5	3	2	7	6	1	8
6	2	8	7	4	1	9	3	5
3	7	4	2	9	5	8	6	1
5	9	1	6	3	8	2	7	4
4	8	2	5	7	3	1	9	6
1	3	9	8	6	4	5	2	7
7	5	6	9	1	2	4	8	3

Su Doku

29

7	4	3	8	5	1	2	9	6
9	1	2	3	6	7	8	4	5
8	5	6	2	4	9	1	3	7
6	9	8	5	2	4	7	1	3
4	3	7	1	8	6	5	2	9
1	2	5	7	9	3	4	6	8
5	6	1	9	7	2	3	8	4
2	7	4	6	3	8	9	5	1
3	8	9	4	1	5	6	7	2

30

8	6	2	5	3	1	4	7	9
3	1	9	4	6	7	5	2	8
7	4	5	2	8	9	3	1	6
2	7	3	9	5	8	1	6	4
4	9	1	7	2	6	8	5	3
5	8	6	1	4	3	2	9	7
1	3	7	8	9	2	6	4	5
6	2	4	3	7	5	9	8	1
9	5	8	6	1	4	7	3	2

31

2	5	9	8	1	3	7	6	4
8	3	6	7	2	4	9	1	5
7	4	1	6	5	9	8	2	3
5	6	2	4	8	1	3	9	7
4	9	7	5	3	2	1	8	6
3	1	8	9	7	6	5	4	2
9	2	5	1	4	7	6	3	8
1	8	4	3	6	5	2	7	9
6	7	3	2	9	8	4	5	1

32

5	9	3	1	4	8	7	6	2
6	4	8	3	2	7	1	5	9
7	2	1	6	5	9	8	4	3
8	5	2	4	3	6	9	7	1
3	1	4	7	9	2	6	8	5
9	7	6	8	1	5	2	3	4
1	3	7	9	6	4	5	2	8
4	8	5	2	7	1	3	9	6
2	6	9	5	8	3	4	1	7

33

1	9	6	7	3	8	2	4	5
2	5	3	1	6	4	8	7	9
4	8	7	5	9	2	1	3	6
7	6	4	9	5	1	3	8	2
8	3	2	6	4	7	9	5	1
5	1	9	2	8	3	4	6	7
3	7	1	8	2	5	6	9	4
9	4	5	3	1	6	7	2	8
6	2	8	4	7	9	5	1	3

34

5	9	3	4	8	2	6	7	1
7	8	6	1	5	9	3	4	2
4	2	1	7	3	6	8	9	5
9	3	4	5	2	1	7	8	6
1	6	2	9	7	8	5	3	4
8	5	7	6	4	3	1	2	9
2	1	5	3	9	7	4	6	8
6	7	8	2	1	4	9	5	3
3	4	9	8	6	5	2	1	7

35

8	4	3	9	6	2	1	5	7
2	5	9	1	3	7	6	8	4
1	6	7	4	8	5	2	9	3
9	7	2	5	1	6	3	4	8
6	8	4	2	9	3	5	7	1
5	3	1	7	4	8	9	6	2
3	2	5	6	7	4	8	1	9
7	1	8	3	5	9	4	2	6
4	9	6	8	2	1	7	3	5

36

7	8	4	9	2	1	5	6	3
5	9	6	3	7	4	2	8	1
1	2	3	6	5	8	4	7	9
4	6	8	2	1	9	3	5	7
9	1	7	4	3	5	6	2	8
2	3	5	7	8	6	9	1	4
3	4	2	1	6	7	8	9	5
8	7	9	5	4	2	1	3	6
6	5	1	8	9	3	7	4	2

Su Doku

37

2	3	4	1	7	9	8	6	5
1	6	7	5	8	3	4	2	9
8	9	5	2	6	4	3	7	1
3	1	8	6	5	7	2	9	4
9	4	2	8	3	1	7	5	6
5	7	6	9	4	2	1	3	8
4	2	1	7	9	5	6	8	3
6	5	3	4	2	8	9	1	7
7	8	9	3	1	6	5	4	2

38

1	5	2	3	6	9	4	7	8
3	4	8	5	7	1	6	2	9
7	6	9	2	4	8	3	1	5
8	3	5	4	9	7	2	6	1
4	2	7	6	1	5	9	8	3
6	9	1	8	2	3	5	4	7
2	8	3	7	5	6	1	9	4
5	1	4	9	8	2	7	3	6
9	7	6	1	3	4	8	5	2

39

4	3	7	1	5	9	8	2	6
2	5	8	4	7	6	1	3	9
1	9	6	3	8	2	7	4	5
7	6	9	5	3	8	2	1	4
5	8	1	2	9	4	6	7	3
3	4	2	6	1	7	5	9	8
6	7	4	9	2	5	3	8	1
8	1	5	7	4	3	9	6	2
9	2	3	8	6	1	4	5	7

40

9	5	6	8	4	2	7	1	3
2	3	4	5	1	7	6	8	9
1	8	7	6	9	3	2	5	4
6	1	9	4	5	8	3	2	7
8	7	2	1	3	9	5	4	6
3	4	5	7	2	6	8	9	1
7	2	3	9	8	1	4	6	5
4	9	8	3	6	5	1	7	2
5	6	1	2	7	4	9	3	8

41

2	7	6	8	4	3	9	1	5
9	4	1	7	2	5	8	3	6
3	5	8	6	9	1	7	2	4
8	1	3	9	6	7	5	4	2
7	6	5	2	3	4	1	9	8
4	9	2	1	5	8	6	7	3
6	3	7	5	1	2	4	8	9
5	8	4	3	7	9	2	6	1
1	2	9	4	8	6	3	5	7

42

6	1	7	9	3	5	2	8	4
3	5	9	4	8	2	6	7	1
8	2	4	1	6	7	9	3	5
2	9	5	7	1	4	8	6	3
7	4	3	6	9	8	1	5	2
1	8	6	2	5	3	7	4	9
4	6	8	5	2	1	3	9	7
5	3	2	8	7	9	4	1	6
9	7	1	3	4	6	5	2	8

43

8	5	1	6	7	3	2	9	4
2	4	7	5	8	9	6	3	1
9	3	6	1	4	2	5	8	7
3	2	4	9	6	5	7	1	8
1	8	5	7	3	4	9	6	2
6	7	9	2	1	8	4	5	3
7	9	3	8	2	6	1	4	5
5	1	8	4	9	7	3	2	6
4	6	2	3	5	1	8	7	9

44

2	1	3	9	6	4	7	5	8
5	8	7	2	3	1	6	9	4
6	4	9	8	5	7	2	3	1
3	5	6	4	8	9	1	2	7
8	9	1	6	7	2	3	4	5
4	7	2	3	1	5	9	8	6
9	6	5	1	2	8	4	7	3
7	3	4	5	9	6	8	1	2
1	2	8	7	4	3	5	6	9

45

6	3	1	8	9	2	4	5	7
9	4	5	6	7	3	8	1	2
2	8	7	1	4	5	3	6	9
7	5	6	2	8	4	9	3	1
4	1	3	5	6	9	2	7	8
8	9	2	3	1	7	5	4	6
3	2	9	7	5	6	1	8	4
1	6	4	9	3	8	7	2	5
5	7	8	4	2	1	6	9	3

46

5	7	8	2	1	3	6	9	4
6	1	9	4	5	7	8	2	3
4	3	2	8	9	6	5	7	1
3	5	6	7	8	2	4	1	9
2	9	1	5	6	4	3	8	7
8	4	7	1	3	9	2	6	5
1	6	3	9	4	8	7	5	2
9	2	4	6	7	5	1	3	8
7	8	5	3	2	1	9	4	6

47

2	4	3	1	9	8	7	5	6
6	1	7	3	5	2	4	8	9
5	9	8	4	7	6	1	2	3
4	2	9	6	3	1	8	7	5
7	3	5	2	8	9	6	1	4
8	6	1	7	4	5	3	9	2
3	7	2	5	1	4	9	6	8
9	5	4	8	6	7	2	3	1
1	8	6	9	2	3	5	4	7

48

5	9	4	6	2	3	7	1	8
7	6	2	8	5	1	9	3	4
8	3	1	7	9	4	6	5	2
9	7	3	5	8	2	4	6	1
2	4	6	9	1	7	5	8	3
1	8	5	3	4	6	2	9	7
6	2	8	4	3	5	1	7	9
4	5	9	1	7	8	3	2	6
3	1	7	2	6	9	8	4	5

49

3	4	6	**9**	8	1	2	7	**5**
1	9	5	4	**2**	7	**6**	8	**3**
7	8	2	3	5	**6**	**4**	**9**	1
2	5	8	7	**1**	9	**3**	4	6
9	3	4	**8**	6	**5**	1	2	**7**
6	1	**7**	**2**	**3**	4	8	5	9
8	**7**	**9**	**1**	4	3	5	6	2
4	6	**1**	5	**9**	2	7	3	**8**
5	2	3	6	7	**8**	9	1	4

50

5	2	8	6	**7**	**3**	1	9	**4**
4	7	1	**5**	2	9	**8**	6	3
3	9	**6**	8	1	4	7	**2**	5
2	**8**	7	9	**3**	5	6	4	**1**
6	1	5	**7**	**4**	**2**	3	8	**9**
9	4	3	1	**6**	8	2	**5**	7
8	**3**	9	2	5	7	**4**	1	6
1	5	**4**	3	8	**6**	9	7	2
7	6	2	**4**	**9**	1	5	3	**8**

51

6	1	4	8	5	7	9	3	2
8	5	3	6	2	9	7	1	4
2	9	7	1	4	3	5	8	6
9	3	5	2	8	4	1	6	7
1	2	8	3	7	6	4	5	9
7	4	6	9	1	5	3	2	8
4	6	9	5	3	8	2	7	1
5	7	1	4	6	2	8	9	3
3	8	2	7	9	1	6	4	5

52

6	1	7	8	9	3	5	4	2
3	4	8	2	6	5	9	1	7
2	9	5	1	4	7	3	8	6
5	7	4	6	8	1	2	3	9
8	2	9	5	3	4	6	7	1
1	3	6	9	7	2	8	5	4
9	6	1	7	5	8	4	2	3
4	8	2	3	1	9	7	6	5
7	5	3	4	2	6	1	9	8

53

3	8	9	1	6	2	5	4	7
2	5	6	4	9	7	1	8	3
4	1	7	3	8	5	9	6	2
9	7	2	8	4	6	3	1	5
1	6	5	2	3	9	4	7	8
8	4	3	5	7	1	2	9	6
5	9	8	6	2	4	7	3	1
7	3	1	9	5	8	6	2	4
6	2	4	7	1	3	8	5	9

54

1	6	2	8	4	9	5	7	3
9	4	7	2	3	5	6	8	1
8	3	5	6	7	1	2	4	9
6	2	4	1	8	3	9	5	7
5	8	9	7	6	4	3	1	2
7	1	3	5	9	2	8	6	4
4	9	8	3	1	6	7	2	5
2	7	1	9	5	8	4	3	6
3	5	6	4	2	7	1	9	8

55

5	4	3	9	7	1	8	6	2
7	2	1	6	3	8	9	4	5
9	6	8	2	5	4	7	1	3
6	7	5	4	8	9	2	3	1
1	8	9	5	2	3	4	7	6
2	3	4	7	1	6	5	9	8
3	1	7	8	4	5	6	2	9
8	9	2	1	6	7	3	5	4
4	5	6	3	9	2	1	8	7

56

8	3	9	6	7	2	4	5	1
2	6	4	8	1	5	7	3	9
5	1	7	3	4	9	2	8	6
3	7	6	4	9	8	1	2	5
4	9	5	7	2	1	8	6	3
1	8	2	5	3	6	9	4	7
9	2	8	1	5	3	6	7	4
7	5	1	2	6	4	3	9	8
6	4	3	9	8	7	5	1	2

Su Doku

57

2	**4**	1	**6**	9	**5**	7	8	3
9	7	**6**	3	1	8	5	2	**4**
8	5	**3**	7	**2**	4	**9**	**1**	6
1	3	2	**4**	5	**6**	8	9	**7**
4	9	**8**	1	7	3	**2**	6	5
7	6	5	**2**	8	**9**	3	4	**1**
6	**2**	**7**	9	**3**	1	**4**	5	8
3	8	4	5	6	2	**1**	7	9
5	1	9	**8**	4	**7**	6	**3**	2

58

1	**8**	9	**7**	6	2	3	5	**4**
3	4	7	1	**8**	**5**	2	6	**9**
5	6	**2**	9	**4**	3	**8**	7	1
9	**7**	1	5	2	4	6	8	**3**
8	**3**	**5**	6	1	7	**9**	**4**	2
6	2	4	8	3	9	5	**1**	7
2	5	**6**	3	**7**	1	**4**	9	8
7	9	3	**4**	**5**	8	1	2	6
4	1	8	2	9	**6**	7	**3**	5

59

6	1	2	5	3	4	7	9	8
7	5	9	8	2	6	4	1	3
3	4	8	7	9	1	5	6	2
5	7	4	3	1	9	2	8	6
9	2	6	4	8	7	3	5	1
8	3	1	6	5	2	9	7	4
1	6	3	2	7	5	8	4	9
2	9	5	1	4	8	6	3	7
4	8	7	9	6	3	1	2	5

60

4	2	7	3	5	9	1	8	6
9	8	5	2	1	6	3	7	4
3	1	6	7	8	4	9	5	2
6	5	3	4	7	2	8	9	1
8	7	9	5	6	1	4	2	3
1	4	2	9	3	8	7	6	5
2	6	4	8	9	3	5	1	7
5	3	8	1	2	7	6	4	9
7	9	1	6	4	5	2	3	8

Su Doku

61

4	8	1	9	5	3	6	7	2
6	5	3	8	7	2	9	1	4
9	2	7	4	6	1	8	3	5
2	3	6	1	9	8	5	4	7
5	9	8	3	4	7	1	2	6
1	7	4	6	2	5	3	9	8
3	6	2	5	1	4	7	8	9
7	1	9	2	8	6	4	5	3
8	4	5	7	3	9	2	6	1

62

6	9	3	8	2	5	7	1	4
7	1	8	6	4	3	2	5	9
5	4	2	9	1	7	8	6	3
1	8	4	2	6	9	3	7	5
9	6	7	5	3	4	1	2	8
3	2	5	7	8	1	9	4	6
2	3	9	4	7	6	5	8	1
8	5	6	1	9	2	4	3	7
4	7	1	3	5	8	6	9	2

63

6	5	2	9	8	3	7	4	1
3	1	9	4	5	7	8	6	2
4	7	8	2	1	6	5	9	3
9	6	4	7	2	5	3	1	8
2	3	7	8	9	1	6	5	4
5	8	1	6	3	4	2	7	9
7	2	6	1	4	8	9	3	5
1	9	3	5	7	2	4	8	6
8	4	5	3	6	9	1	2	7

64

7	1	4	3	2	8	5	6	9
8	6	3	4	9	5	1	2	7
5	9	2	1	6	7	8	3	4
6	4	5	9	8	1	2	7	3
3	7	8	6	4	2	9	5	1
1	2	9	5	7	3	6	4	8
4	5	6	7	1	9	3	8	2
9	8	7	2	3	6	4	1	5
2	3	1	8	5	4	7	9	6

65

8	4	9	1	5	6	7	2	3
6	3	2	4	8	7	5	1	9
7	5	1	3	2	9	8	6	4
9	7	8	2	6	4	3	5	1
1	6	4	5	9	3	2	8	7
3	2	5	8	7	1	9	4	6
2	9	6	7	1	5	4	3	8
4	8	7	6	3	2	1	9	5
5	1	3	9	4	8	6	7	2

66

3	2	8	9	4	5	6	7	1
6	1	4	3	2	7	9	5	8
7	9	5	1	8	6	3	2	4
1	4	2	5	3	8	7	6	9
5	6	3	7	9	1	4	8	2
8	7	9	2	6	4	1	3	5
2	8	1	4	7	3	5	9	6
9	5	7	6	1	2	8	4	3
4	3	6	8	5	9	2	1	7

67

8	1	7	5	4	6	3	9	2
6	4	2	8	9	3	5	7	1
3	5	9	1	7	2	6	4	8
5	3	8	4	1	7	9	2	6
4	2	1	9	6	5	8	3	7
9	7	6	2	3	8	1	5	4
1	6	3	7	5	4	2	8	9
7	8	5	6	2	9	4	1	3
2	9	4	3	8	1	7	6	5

68

3	7	6	1	8	2	9	5	4
4	9	2	5	3	6	7	8	1
5	1	8	4	7	9	3	2	6
8	6	1	3	2	5	4	9	7
7	5	3	9	6	4	2	1	8
9	2	4	8	1	7	5	6	3
6	3	7	2	5	8	1	4	9
2	8	9	7	4	1	6	3	5
1	4	5	6	9	3	8	7	2

69

2	6	1	9	5	7	3	8	4
7	3	5	8	4	1	2	9	6
8	4	9	2	6	3	5	7	1
1	9	7	4	2	8	6	5	3
4	2	8	6	3	5	7	1	9
3	5	6	1	7	9	4	2	8
6	8	4	5	9	2	1	3	7
5	1	3	7	8	6	9	4	2
9	7	2	3	1	4	8	6	5

70

7	5	2	6	4	3	9	1	8
8	3	6	9	1	7	5	2	4
4	9	1	5	8	2	3	7	6
6	1	4	2	7	9	8	3	5
3	8	5	1	6	4	2	9	7
9	2	7	8	3	5	4	6	1
5	6	3	4	9	1	7	8	2
1	4	9	7	2	8	6	5	3
2	7	8	3	5	6	1	4	9

71

4	1	8	9	7	5	3	6	2
6	7	2	3	1	8	9	5	4
5	3	9	2	6	4	8	7	1
7	9	6	1	5	2	4	8	3
2	4	3	6	8	7	5	1	9
8	5	1	4	3	9	6	2	7
3	2	7	8	4	6	1	9	5
9	6	4	5	2	1	7	3	8
1	8	5	7	9	3	2	4	6

72

5	9	4	6	1	2	3	7	8
6	8	3	9	5	7	2	1	4
1	2	7	8	4	3	5	6	9
8	6	1	2	9	5	7	4	3
3	7	5	4	6	8	1	9	2
9	4	2	7	3	1	8	5	6
2	5	6	1	8	4	9	3	7
7	1	9	3	2	6	4	8	5
4	3	8	5	7	9	6	2	1

73

6	2	1	3	8	5	4	9	7
8	9	7	1	6	4	5	3	2
5	4	3	7	9	2	8	1	6
9	8	2	5	4	1	6	7	3
1	3	4	2	7	6	9	5	8
7	5	6	9	3	8	2	4	1
4	1	8	6	5	7	3	2	9
3	7	5	8	2	9	1	6	4
2	6	9	4	1	3	7	8	5

74

6	4	9	1	2	5	3	7	8
5	3	1	4	8	7	6	2	9
7	8	2	3	9	6	4	5	1
2	1	3	6	5	9	8	4	7
4	5	7	8	3	2	1	9	6
8	9	6	7	1	4	2	3	5
9	6	4	2	7	8	5	1	3
1	7	8	5	4	3	9	6	2
3	2	5	9	6	1	7	8	4

75

7	9	8	6	2	3	5	1	4
4	5	1	9	7	8	2	6	3
6	2	3	4	1	5	8	7	9
2	1	7	5	3	9	4	8	6
9	8	4	2	6	7	3	5	1
5	3	6	8	4	1	7	9	2
1	7	9	3	8	4	6	2	5
8	4	2	1	5	6	9	3	7
3	6	5	7	9	2	1	4	8

76

7	5	8	2	1	6	4	3	9
1	9	2	3	5	4	7	6	8
3	4	6	8	9	7	1	5	2
5	7	3	4	2	9	8	1	6
8	2	1	6	7	3	9	4	5
4	6	9	5	8	1	2	7	3
2	8	7	1	3	5	6	9	4
9	3	4	7	6	8	5	2	1
6	1	5	9	4	2	3	8	7

Su Doku

77

8	6	9	**1**	**7**	**5**	4	2	3
2	1	3	6	**4**	8	9	7	5
7	**4**	**5**	3	2	9	**1**	**8**	6
4	**5**	**8**	7	1	2	**3**	**6**	9
1	**2**	**6**	**9**	8	**3**	**7**	**5**	4
3	**9**	**7**	4	5	6	**8**	**1**	2
5	**3**	**4**	8	6	1	**2**	**9**	7
6	7	1	2	**9**	4	5	3	8
9	8	2	**5**	**3**	**7**	6	4	1

78

8	3	2	9	5	1	6	**7**	**4**
7	**4**	1	6	2	8	**9**	**3**	5
6	**5**	9	**3**	4	7	8	2	1
4	1	7	**5**	6	**2**	**3**	8	9
3	6	8	7	**1**	9	5	4	2
2	9	**5**	**8**	3	**4**	1	6	7
5	7	4	1	8	**6**	2	**9**	3
9	**8**	**3**	2	7	5	4	**1**	**6**
1	**2**	6	4	9	3	7	5	**8**

8	5	6	2	1	3	9	4	7
9	3	1	8	7	4	6	2	5
7	4	2	5	6	9	3	1	8
4	6	8	1	2	7	5	9	3
3	2	9	4	8	5	1	7	6
1	7	5	3	9	6	4	8	2
5	9	4	7	3	2	8	6	1
2	8	3	6	4	1	7	5	9
6	1	7	9	5	8	2	3	4

5	1	4	9	7	6	2	8	3
6	3	9	5	8	2	4	7	1
2	7	8	4	1	3	6	9	5
9	5	3	8	6	4	1	2	7
4	2	1	7	3	5	9	6	8
8	6	7	1	2	9	5	3	4
1	9	2	3	4	7	8	5	6
3	4	5	6	9	8	7	1	2
7	8	6	2	5	1	3	4	9

81

4	8	7	2	6	9	1	5	3
6	2	9	5	1	3	8	7	4
5	1	3	4	8	7	2	6	9
3	6	2	1	5	4	7	9	8
8	4	1	7	9	6	5	3	2
7	9	5	3	2	8	4	1	6
2	7	6	9	4	1	3	8	5
1	5	8	6	3	2	9	4	7
9	3	4	8	7	5	6	2	1

82

4	3	9	1	2	6	7	8	5
7	8	6	9	4	5	1	2	3
1	2	5	8	3	7	4	6	9
9	5	7	3	1	8	2	4	6
6	1	2	7	9	4	5	3	8
8	4	3	5	6	2	9	7	1
2	7	8	6	5	1	3	9	4
5	9	4	2	8	3	6	1	7
3	6	1	4	7	9	8	5	2

83

5	3	6	4	2	1	8	7	9
1	7	4	5	9	8	2	6	3
9	8	2	3	6	7	4	5	1
8	9	5	2	4	6	1	3	7
7	2	1	8	5	3	6	9	4
4	6	3	7	1	9	5	2	8
3	4	9	6	8	5	7	1	2
2	5	7	1	3	4	9	8	6
6	1	8	9	7	2	3	4	5

84

8	4	3	7	6	1	2	9	5
7	9	2	5	8	4	6	3	1
5	6	1	9	3	2	7	8	4
1	2	8	6	9	5	3	4	7
4	5	6	1	7	3	9	2	8
3	7	9	2	4	8	1	5	6
9	8	7	4	2	6	5	1	3
6	3	5	8	1	9	4	7	2
2	1	4	3	5	7	8	6	9

Su Doku

8	2	1	3	9	6	7	4	5
7	3	9	4	2	5	8	6	1
5	6	4	7	1	8	3	2	9
3	8	2	1	4	7	5	9	6
6	9	5	2	8	3	4	1	7
4	1	7	6	5	9	2	3	8
1	5	6	8	3	2	9	7	4
9	7	3	5	6	4	1	8	2
2	4	8	9	7	1	6	5	3

2	4	8	1	7	3	5	6	9
6	9	5	8	4	2	3	1	7
1	3	7	6	5	9	8	2	4
3	7	2	5	8	4	1	9	6
8	6	1	3	9	7	2	4	5
9	5	4	2	1	6	7	3	8
7	2	6	9	3	8	4	5	1
4	1	9	7	2	5	6	8	3
5	8	3	4	6	1	9	7	2

87

2	8	5	9	1	4	3	6	7
3	4	9	2	6	7	8	1	5
1	7	6	3	8	5	9	4	2
4	1	3	6	2	9	5	7	8
6	2	7	8	5	1	4	9	3
9	5	8	4	7	3	1	2	6
8	6	4	5	9	2	7	3	1
5	9	1	7	3	6	2	8	4
7	3	2	1	4	8	6	5	9

88

6	2	8	5	7	4	3	9	1
7	9	4	3	2	1	5	8	6
1	3	5	8	9	6	4	7	2
4	5	3	7	8	2	1	6	9
9	7	2	6	1	5	8	3	4
8	6	1	9	4	3	7	2	5
5	8	7	4	6	9	2	1	3
3	1	9	2	5	8	6	4	7
2	4	6	1	3	7	9	5	8

Su Doku

89

3	6	7	1	5	2	9	8	4
4	8	1	7	9	6	3	5	2
5	2	9	8	4	3	6	7	1
6	3	8	4	1	9	5	2	7
2	9	4	5	3	7	1	6	8
7	1	5	2	6	8	4	3	9
9	7	6	3	2	4	8	1	5
1	4	2	6	8	5	7	9	3
8	5	3	9	7	1	2	4	6

90

8	7	2	6	1	9	3	5	4
3	9	1	2	4	5	6	7	8
4	5	6	3	8	7	9	1	2
7	8	4	9	2	3	1	6	5
9	2	5	1	6	8	4	3	7
1	6	3	7	5	4	8	2	9
2	3	8	4	7	1	5	9	6
6	4	9	5	3	2	7	8	1
5	1	7	8	9	6	2	4	3

91

2	6	4	3	8	1	9	7	5
9	8	3	7	6	5	4	1	2
7	1	5	2	4	9	3	6	8
3	5	1	4	9	7	8	2	6
4	2	6	1	5	8	7	9	3
8	9	7	6	3	2	1	5	4
1	7	8	5	2	3	6	4	9
5	4	9	8	7	6	2	3	1
6	3	2	9	1	4	5	8	7

92

2	8	7	4	3	9	1	6	5
5	9	4	2	1	6	8	3	7
6	3	1	5	8	7	2	4	9
3	7	8	1	4	2	5	9	6
9	5	2	6	7	3	4	8	1
4	1	6	9	5	8	7	2	3
8	6	9	7	2	1	3	5	4
1	2	5	3	6	4	9	7	8
7	4	3	8	9	5	6	1	2

93

3	7	9	2	5	1	4	6	8
5	2	6	3	8	4	1	7	9
4	1	8	7	6	9	2	5	3
9	5	3	6	2	8	7	1	4
8	4	1	9	7	5	3	2	6
7	6	2	1	4	3	8	9	5
2	8	7	5	3	6	9	4	1
1	3	5	4	9	2	6	8	7
6	9	4	8	1	7	5	3	2

94

5	4	1	9	8	7	3	2	6
2	8	9	5	6	3	4	7	1
7	3	6	4	1	2	8	5	9
4	1	2	3	7	6	5	9	8
6	9	5	8	4	1	7	3	2
8	7	3	2	5	9	6	1	4
9	5	4	7	2	8	1	6	3
3	6	8	1	9	5	2	4	7
1	2	7	6	3	4	9	8	5

95

3	7	9	5	1	2	6	4	8
4	8	1	6	7	3	5	9	2
5	6	2	8	4	9	1	7	3
6	3	8	4	5	1	9	2	7
2	1	7	9	6	8	3	5	4
9	4	5	2	3	7	8	1	6
1	9	4	3	2	6	7	8	5
7	5	3	1	8	4	2	6	9
8	2	6	7	9	5	4	3	1

96

6	4	7	1	5	9	8	2	3
5	8	1	7	2	3	4	9	6
2	3	9	6	4	8	7	5	1
4	7	5	3	1	2	6	8	9
3	1	8	9	6	5	2	7	4
9	6	2	4	8	7	3	1	5
1	5	4	2	7	6	9	3	8
7	9	6	8	3	1	5	4	2
8	2	3	5	9	4	1	6	7

Su Doku

97

9	4	2	1	6	5	8	3	7
1	8	3	9	4	7	6	2	5
7	6	5	3	8	2	9	1	4
3	7	9	5	1	8	4	6	2
5	2	4	6	3	9	7	8	1
6	1	8	2	7	4	5	9	3
8	9	1	4	5	3	2	7	6
4	3	7	8	2	6	1	5	9
2	5	6	7	9	1	3	4	8

98

5	1	3	4	2	7	9	8	6
7	8	9	5	3	6	4	2	1
4	6	2	9	1	8	3	5	7
6	9	4	1	5	3	2	7	8
1	2	8	6	7	4	5	3	9
3	5	7	2	8	9	1	6	4
8	3	5	7	4	1	6	9	2
9	7	1	3	6	2	8	4	5
2	4	6	8	9	5	7	1	3

99

3	1	9	6	2	5	8	7	4
5	6	7	9	4	8	2	3	1
2	4	8	7	3	1	5	6	9
7	2	3	8	6	9	1	4	5
8	5	1	4	7	3	6	9	2
4	9	6	1	5	2	3	8	7
6	7	5	3	1	4	9	2	8
1	8	4	2	9	6	7	5	3
9	3	2	5	8	7	4	1	6

100

4	8	6	7	2	9	1	5	3
7	5	1	6	8	3	2	9	4
2	9	3	5	1	4	6	8	7
1	6	5	8	7	2	4	3	9
8	3	7	9	4	1	5	2	6
9	2	4	3	5	6	8	7	1
3	7	2	4	6	8	9	1	5
5	4	8	1	9	7	3	6	2
6	1	9	2	3	5	7	4	8

101

9	6	7	5	2	3	4	8	1
8	2	4	9	1	7	5	3	6
3	1	5	6	8	4	7	2	9
7	8	2	1	9	5	3	6	4
4	9	6	3	7	2	8	1	5
1	5	3	4	6	8	9	7	2
6	7	9	8	4	1	2	5	3
5	4	8	2	3	6	1	9	7
2	3	1	7	5	9	6	4	8

102

8	1	3	9	2	7	4	5	6
7	9	6	8	5	4	2	1	3
4	5	2	1	3	6	7	9	8
2	8	5	7	1	9	3	6	4
9	4	7	6	8	3	1	2	5
6	3	1	2	4	5	9	8	7
1	6	4	5	7	2	8	3	9
3	2	9	4	6	8	5	7	1
5	7	8	3	9	1	6	4	2

103

7	4	9	5	3	1	8	6	2
5	6	2	7	8	4	3	9	1
1	3	8	2	6	9	4	5	7
6	9	4	3	1	8	7	2	5
8	5	1	6	7	2	9	4	3
3	2	7	4	9	5	1	8	6
4	7	5	9	2	3	6	1	8
9	8	6	1	5	7	2	3	4
2	1	3	8	4	6	5	7	9

104

3	1	4	8	9	2	6	5	7
7	8	9	6	5	1	3	4	2
5	6	2	4	3	7	1	9	8
6	4	1	2	8	9	7	3	5
2	9	5	3	7	4	8	6	1
8	3	7	1	6	5	9	2	4
1	5	6	9	2	8	4	7	3
9	7	8	5	4	3	2	1	6
4	2	3	7	1	6	5	8	9

Su Doku

105

7	1	2	6	4	5	9	8	3
4	6	3	2	8	9	7	5	1
9	5	8	3	1	7	6	4	2
5	2	6	4	9	1	3	7	8
3	8	9	7	5	2	4	1	6
1	7	4	8	6	3	2	9	5
2	4	7	1	3	8	5	6	9
8	3	5	9	7	6	1	2	4
6	9	1	5	2	4	8	3	7

106

3	8	4	2	5	9	7	1	6
1	2	9	7	4	6	5	3	8
5	6	7	1	3	8	9	4	2
6	5	8	3	2	1	4	9	7
7	9	3	6	8	4	2	5	1
4	1	2	5	9	7	8	6	3
9	3	6	4	7	2	1	8	5
8	7	5	9	1	3	6	2	4
2	4	1	8	6	5	3	7	9

107

4	1	2	3	6	7	8	5	9
7	9	5	4	1	8	3	6	2
3	8	6	5	2	9	7	1	4
6	7	9	1	8	2	4	3	5
5	2	3	6	9	4	1	7	8
8	4	1	7	3	5	2	9	6
1	3	4	8	5	6	9	2	7
9	5	8	2	7	3	6	4	1
2	6	7	9	4	1	5	8	3

108

8	9	1	2	6	7	3	5	4
3	7	6	8	5	4	2	9	1
2	5	4	9	3	1	6	7	8
5	8	7	3	2	9	1	4	6
6	4	9	7	1	8	5	2	3
1	2	3	5	4	6	9	8	7
4	6	8	1	9	2	7	3	5
9	1	5	4	7	3	8	6	2
7	3	2	6	8	5	4	1	9

109

2	6	9	4	1	8	3	5	7
3	8	7	9	5	6	2	4	1
4	1	5	2	7	3	8	9	6
8	3	2	7	4	1	9	6	5
9	7	1	5	6	2	4	3	8
5	4	6	8	3	9	1	7	2
6	2	3	1	9	7	5	8	4
7	5	8	3	2	4	6	1	9
1	9	4	6	8	5	7	2	3

110

6	5	9	7	4	8	2	3	1
2	7	1	9	5	3	4	8	6
3	8	4	1	6	2	5	7	9
1	4	7	2	3	5	9	6	8
8	6	2	4	7	9	1	5	3
5	9	3	8	1	6	7	2	4
7	2	8	3	9	1	6	4	5
4	1	5	6	8	7	3	9	2
9	3	6	5	2	4	8	1	7

111

8	9	2	5	6	3	1	7	4
7	3	5	1	9	4	6	8	2
4	1	6	7	8	2	9	3	5
6	2	9	4	1	8	7	5	3
5	8	4	6	3	7	2	9	1
1	7	3	2	5	9	4	6	8
3	4	8	9	2	6	5	1	7
9	5	7	8	4	1	3	2	6
2	6	1	3	7	5	8	4	9

112

6	9	3	2	1	5	8	7	4
5	1	2	8	7	4	6	3	9
4	8	7	3	9	6	1	5	2
3	6	4	7	2	1	9	8	5
8	2	5	4	3	9	7	6	1
1	7	9	5	6	8	4	2	3
2	4	1	6	5	7	3	9	8
9	3	6	1	8	2	5	4	7
7	5	8	9	4	3	2	1	6

Su Doku

113

8	4	2	9	7	3	1	5	6
1	7	3	6	5	2	9	4	8
9	5	6	1	8	4	7	3	2
4	8	1	2	9	6	5	7	3
6	2	7	4	3	5	8	9	1
3	9	5	7	1	8	2	6	4
2	6	8	5	4	9	3	1	7
5	1	4	3	2	7	6	8	9
7	3	9	8	6	1	4	2	5

114

6	4	8	5	1	2	7	3	9
5	9	3	8	7	4	2	6	1
1	7	2	9	6	3	4	5	8
4	5	6	1	8	7	9	2	3
2	8	7	6	3	9	1	4	5
3	1	9	2	4	5	6	8	7
9	3	5	7	2	6	8	1	4
7	2	1	4	5	8	3	9	6
8	6	4	3	9	1	5	7	2

115

2	8	9	7	5	3	4	6	1
4	7	1	8	9	6	5	3	2
6	3	5	2	4	1	9	7	8
3	1	8	4	2	7	6	9	5
9	2	6	5	3	8	1	4	7
7	5	4	6	1	9	2	8	3
1	9	2	3	8	4	7	5	6
8	4	7	1	6	5	3	2	9
5	6	3	9	7	2	8	1	4

116

2	5	4	8	1	9	7	6	3
6	9	1	4	7	3	8	2	5
3	8	7	6	5	2	9	1	4
1	4	9	7	2	8	5	3	6
8	3	5	1	4	6	2	9	7
7	2	6	9	3	5	4	8	1
4	7	3	2	9	1	6	5	8
5	6	2	3	8	7	1	4	9
9	1	8	5	6	4	3	7	2

117

5	3	4	6	1	7	9	2	**8**
9	1	**8**	4	**3**	2	7	6	**5**
6	7	**2**	9	8	5	**1**	3	4
2	4	5	8	**7**	9	**6**	1	**3**
7	**8**	1	**3**	6	**4**	5	**9**	2
3	6	**9**	5	**2**	1	8	4	7
8	9	**3**	**7**	4	6	**2**	5	1
1	5	7	2	**9**	3	**4**	8	**6**
4	2	6	1	5	8	3	7	9

118

5	8	**4**	7	3	2	**9**	6	1
1	2	6	**5**	4	**9**	8	3	7
7	**3**	9	8	1	6	5	**2**	**4**
2	5	3	**9**	6	**4**	1	7	**8**
9	1	**7**	3	5	8	**2**	4	6
6	4	8	**2**	7	**1**	3	5	**9**
3	**9**	1	6	2	7	4	**8**	**5**
4	7	2	**1**	8	**5**	6	9	3
8	6	**5**	4	9	3	**7**	1	2

119

8	7	9	1	6	2	3	5	4
2	1	5	3	4	7	8	9	6
6	4	3	8	5	9	1	2	7
7	5	4	9	8	1	6	3	2
3	9	2	4	7	6	5	1	8
1	8	6	2	3	5	4	7	9
9	2	8	6	1	3	7	4	5
4	3	7	5	2	8	9	6	1
5	6	1	7	9	4	2	8	3

120

2	4	7	6	8	9	5	1	3
9	3	6	2	5	1	4	8	7
1	8	5	4	7	3	2	9	6
3	2	8	9	4	7	6	5	1
5	7	1	8	2	6	9	3	4
6	9	4	1	3	5	7	2	8
8	6	2	3	9	4	1	7	5
7	1	9	5	6	8	3	4	2
4	5	3	7	1	2	8	6	9

121

9	4	5	1	8	2	7	6	3
1	2	7	4	3	6	8	9	5
8	3	6	9	5	7	2	1	4
3	5	1	8	7	9	6	4	2
4	9	2	6	1	5	3	7	8
6	7	8	3	2	4	1	5	9
7	8	4	5	6	3	9	2	1
2	1	9	7	4	8	5	3	6
5	6	3	2	9	1	4	8	7

122

6	7	3	8	9	1	2	5	4
8	4	9	6	5	2	1	3	7
5	1	2	3	7	4	9	8	6
7	3	4	9	1	5	6	2	8
9	5	1	2	6	8	7	4	3
2	6	8	4	3	7	5	9	1
1	9	7	5	4	3	8	6	2
4	8	5	7	2	6	3	1	9
3	2	6	1	8	9	4	7	5

123

6	8	1	9	7	5	3	2	4
9	3	4	8	1	2	7	5	6
5	2	7	3	4	6	9	8	1
2	1	6	4	5	9	8	3	7
3	5	8	7	6	1	4	9	2
4	7	9	2	8	3	1	6	5
8	4	3	5	2	7	6	1	9
1	9	5	6	3	4	2	7	8
7	6	2	1	9	8	5	4	3

124

9	3	7	1	5	4	2	8	6
4	1	8	6	3	2	5	7	9
6	5	2	7	9	8	1	4	3
5	4	3	9	6	1	7	2	8
1	2	9	8	7	3	4	6	5
7	8	6	2	4	5	3	9	1
8	7	5	3	2	9	6	1	4
2	9	4	5	1	6	8	3	7
3	6	1	4	8	7	9	5	2

125

8	6	5	4	9	3	1	7	2
7	3	9	6	2	1	4	8	5
4	2	1	8	5	7	3	6	9
5	8	3	1	6	2	7	9	4
6	1	7	9	4	5	2	3	8
2	9	4	3	7	8	5	1	6
3	5	8	2	1	9	6	4	7
1	4	2	7	8	6	9	5	3
9	7	6	5	3	4	8	2	1

126

7	8	9	3	6	5	2	4	1
1	6	3	8	2	4	5	7	9
4	5	2	1	9	7	8	3	6
5	1	4	2	7	9	3	6	8
9	7	6	4	8	3	1	2	5
3	2	8	5	1	6	7	9	4
2	4	5	6	3	1	9	8	7
6	3	7	9	5	8	4	1	2
8	9	1	7	4	2	6	5	3

127

3	5	8	4	9	7	1	2	6
7	9	2	8	1	6	4	5	3
4	1	6	3	5	2	8	9	7
8	6	3	5	2	4	7	1	9
5	7	4	1	3	9	2	6	8
1	2	9	6	7	8	5	3	4
2	4	1	7	6	3	9	8	5
9	3	7	2	8	5	6	4	1
6	8	5	9	4	1	3	7	2

128

8	1	4	2	3	7	9	6	5
5	6	2	1	9	4	8	3	7
3	9	7	6	8	5	2	4	1
9	3	8	7	5	1	4	2	6
6	4	5	8	2	3	1	7	9
7	2	1	4	6	9	5	8	3
1	5	6	3	4	2	7	9	8
4	8	9	5	7	6	3	1	2
2	7	3	9	1	8	6	5	4

4	2	7	3	9	8	1	6	5
8	6	5	1	2	4	3	7	9
9	3	1	6	7	5	4	8	2
5	1	9	7	8	2	6	3	4
2	7	6	5	4	3	8	9	1
3	4	8	9	6	1	5	2	7
1	9	2	8	5	6	7	4	3
6	5	4	2	3	7	9	1	8
7	8	3	4	1	9	2	5	6

4	9	3	1	2	5	8	6	7
7	1	8	6	3	4	2	9	5
6	2	5	8	9	7	1	3	4
8	5	2	3	6	1	4	7	9
3	4	9	2	7	8	6	5	1
1	7	6	5	4	9	3	8	2
5	8	4	7	1	6	9	2	3
9	3	7	4	8	2	5	1	6
2	6	1	9	5	3	7	4	8

131

9	1	4	3	2	6	8	7	5
2	7	5	4	1	8	6	3	9
8	3	6	7	9	5	2	4	1
4	5	1	2	8	3	7	9	6
7	2	8	1	6	9	4	5	3
3	6	9	5	4	7	1	8	2
6	4	3	9	7	2	5	1	8
1	9	2	8	5	4	3	6	7
5	8	7	6	3	1	9	2	4

132

3	1	2	4	7	6	9	8	5
9	7	6	5	8	1	4	3	2
4	8	5	3	9	2	7	6	1
7	3	8	2	6	4	5	1	9
5	4	9	7	1	8	6	2	3
6	2	1	9	5	3	8	4	7
2	5	4	8	3	9	1	7	6
1	9	3	6	4	7	2	5	8
8	6	7	1	2	5	3	9	4

133

8	6	**3**	**4**	5	**2**	7	9	1
2	**7**	1	**9**	3	6	5	**4**	8
4	5	9	8	**7**	**1**	3	2	**6**
9	1	**2**	7	8	4	6	**3**	**5**
7	4	**5**	3	6	9	**1**	8	2
3	**8**	6	1	2	5	**9**	7	**4**
6	3	8	**2**	**1**	7	4	5	9
5	**9**	7	6	4	**8**	2	**1**	3
1	2	4	**5**	9	**3**	**8**	6	7

134

6	3	8	**5**	7	**2**	1	9	4
7	2	5	1	4	9	6	8	**3**
1	**9**	**4**	3	**8**	6	**2**	**5**	7
9	8	2	**4**	6	**5**	7	3	**1**
3	5	7	2	1	8	4	6	**9**
4	6	1	**7**	9	**3**	8	2	**5**
8	**1**	**3**	6	**5**	4	**9**	**7**	2
2	7	9	8	3	1	5	4	**6**
5	4	6	**9**	2	**7**	3	1	8

135

4	3	1	8	2	6	5	7	9
2	5	8	1	9	7	6	4	3
7	6	9	5	3	4	8	2	1
8	2	5	3	7	1	9	6	4
9	7	4	2	6	5	1	3	8
6	1	3	9	4	8	7	5	2
5	9	2	7	8	3	4	1	6
1	8	6	4	5	2	3	9	7
3	4	7	6	1	9	2	8	5

136

3	5	4	6	1	8	7	2	9
9	6	8	2	5	7	4	1	3
2	1	7	9	3	4	8	5	6
6	2	5	4	8	3	1	9	7
4	9	3	1	7	2	5	6	8
8	7	1	5	9	6	2	3	4
5	3	9	7	4	1	6	8	2
7	8	2	3	6	5	9	4	1
1	4	6	8	2	9	3	7	5

137

3	1	8	7	6	2	4	5	9
4	7	5	8	1	9	6	2	3
2	9	6	3	5	4	1	8	7
9	6	3	5	7	8	2	4	1
5	8	2	9	4	1	3	7	6
7	4	1	6	2	3	8	9	5
6	3	9	2	8	5	7	1	4
8	5	4	1	3	7	9	6	2
1	2	7	4	9	6	5	3	8

138

1	8	2	4	7	3	6	9	5
4	9	5	1	6	8	3	2	7
3	6	7	2	5	9	1	4	8
6	4	3	5	1	7	2	8	9
2	5	9	6	8	4	7	3	1
8	7	1	9	3	2	5	6	4
5	1	4	3	9	6	8	7	2
7	2	6	8	4	5	9	1	3
9	3	8	7	2	1	4	5	6

139

2	5	3	8	4	9	6	1	7
8	1	9	5	6	7	4	3	2
6	7	4	1	3	2	5	9	8
5	8	2	9	1	6	3	7	4
7	9	1	4	8	3	2	6	5
4	3	6	2	7	5	9	8	1
3	4	7	6	2	1	8	5	9
1	2	5	3	9	8	7	4	6
9	6	8	7	5	4	1	2	3

140

7	9	4	8	1	6	5	2	3
3	6	1	2	4	5	9	7	8
5	8	2	9	7	3	6	1	4
4	2	6	3	8	7	1	9	5
8	7	9	1	5	2	3	4	6
1	5	3	6	9	4	7	8	2
2	1	5	4	3	9	8	6	7
9	4	7	5	6	8	2	3	1
6	3	8	7	2	1	4	5	9

141

2	1	8	3	4	9	5	7	6
5	9	3	6	7	1	4	8	2
7	4	6	8	2	5	3	9	1
8	5	2	4	1	3	9	6	7
6	3	9	7	8	2	1	5	4
1	7	4	9	5	6	8	2	3
9	2	1	5	6	4	7	3	8
3	6	7	1	9	8	2	4	5
4	8	5	2	3	7	6	1	9

142

4	2	8	1	7	3	6	9	5
7	3	1	9	6	5	8	4	2
6	9	5	4	2	8	7	3	1
9	6	4	7	3	2	1	5	8
8	1	7	5	9	4	3	2	6
3	5	2	8	1	6	9	7	4
5	8	9	6	4	7	2	1	3
2	7	6	3	5	1	4	8	9
1	4	3	2	8	9	5	6	7

143

5	9	4	6	8	7	3	2	1
1	7	8	5	2	3	4	9	6
2	6	3	9	4	1	7	8	5
9	1	6	7	5	8	2	3	4
8	3	5	2	1	4	9	6	7
4	2	7	3	9	6	5	1	8
3	4	2	8	6	5	1	7	9
7	8	1	4	3	9	6	5	2
6	5	9	1	7	2	8	4	3

144

5	1	4	2	8	9	7	3	6
6	3	7	5	4	1	8	9	2
2	8	9	3	7	6	5	1	4
1	7	8	9	5	2	6	4	3
4	6	3	8	1	7	9	2	5
9	2	5	6	3	4	1	8	7
8	9	6	7	2	3	4	5	1
3	5	1	4	6	8	2	7	9
7	4	2	1	9	5	3	6	8

Su Doku

145

1	5	9	2	6	3	7	8	4
7	4	8	5	9	1	6	3	2
6	3	2	8	4	7	9	5	1
3	6	5	4	1	9	8	2	7
8	7	4	3	5	2	1	6	9
2	9	1	6	7	8	3	4	5
5	8	7	9	3	4	2	1	6
9	2	6	1	8	5	4	7	3
4	1	3	7	2	6	5	9	8

146

9	5	1	8	6	7	3	4	2
7	6	4	1	3	2	9	8	5
8	3	2	4	9	5	1	6	7
4	9	8	2	1	3	5	7	6
3	7	6	5	4	8	2	9	1
1	2	5	9	7	6	4	3	8
6	8	9	3	5	1	7	2	4
2	1	3	7	8	4	6	5	9
5	4	7	6	2	9	8	1	3

147

2	1	5	**4**	3	8	**6**	7	9
3	9	7	6	5	1	**8**	4	**2**
4	**8**	**6**	**9**	2	7	5	**3**	**1**
7	3	**2**	5	**9**	6	1	**8**	4
5	4	**1**	8	**7**	2	**3**	9	6
8	**6**	9	1	**4**	3	**2**	5	7
9	7	8	2	1	**5**	**4**	**6**	3
1	5	**4**	3	6	9	7	2	8
6	2	**3**	7	8	**4**	9	1	5

148

4	2	6	1	8	**7**	**9**	5	3
1	3	7	9	**5**	6	**2**	8	4
5	**8**	9	**2**	3	4	7	6	1
8	1	5	**7**	4	**3**	**6**	2	9
9	**7**	2	6	**1**	5	3	**4**	8
6	4	**3**	**8**	2	**9**	1	7	**5**
3	9	8	4	6	**2**	5	**1**	**7**
2	5	**1**	3	**7**	8	4	9	**6**
7	**6**	**4**	**5**	9	1	8	3	2

Su Doku

5	7	**2**	4	8	1	**6**	**3**	9
4	**8**	3	9	7	6	**1**	**2**	5
1	**9**	6	**2**	3	5	7	8	**4**
7	1	8	**6**	9	**2**	5	4	3
2	5	4	8	**1**	3	9	6	7
3	6	**9**	**5**	4	**7**	2	1	8
9	2	5	3	6	**4**	8	**7**	**1**
6	**3**	**1**	7	5	8	4	**9**	**2**
8	**4**	**7**	1	2	9	**3**	5	6

8	2	**3**	**4**	5	1	9	7	6
9	**5**	**7**	**3**	2	6	4	1	8
6	**1**	4	9	**7**	8	**5**	2	3
2	**4**	8	**5**	6	7	3	9	1
7	9	**1**	8	3	2	**6**	4	5
3	6	5	1	4	**9**	2	**8**	**7**
4	8	**2**	6	**1**	3	7	**5**	**9**
1	7	6	2	9	**5**	**8**	**3**	4
5	3	9	7	8	**4**	**1**	6	2